VÉRITABLE
MÉTHODE D'ENSEIGNEMENT

ET

ABRÉGÉS D'HISTOIRE

PREMIER LIVRE DE LECTURE ET D'ORTHOGRAPHE

A L'USAGE DES ÉCOLES

PAR

LAGET DAVID,

INSTITUTEUR

NICE

Typ., Lith. et Lib. S. C. Cauvin et Cⁱᵉ

6 rue de la Préfecture 6

1874.

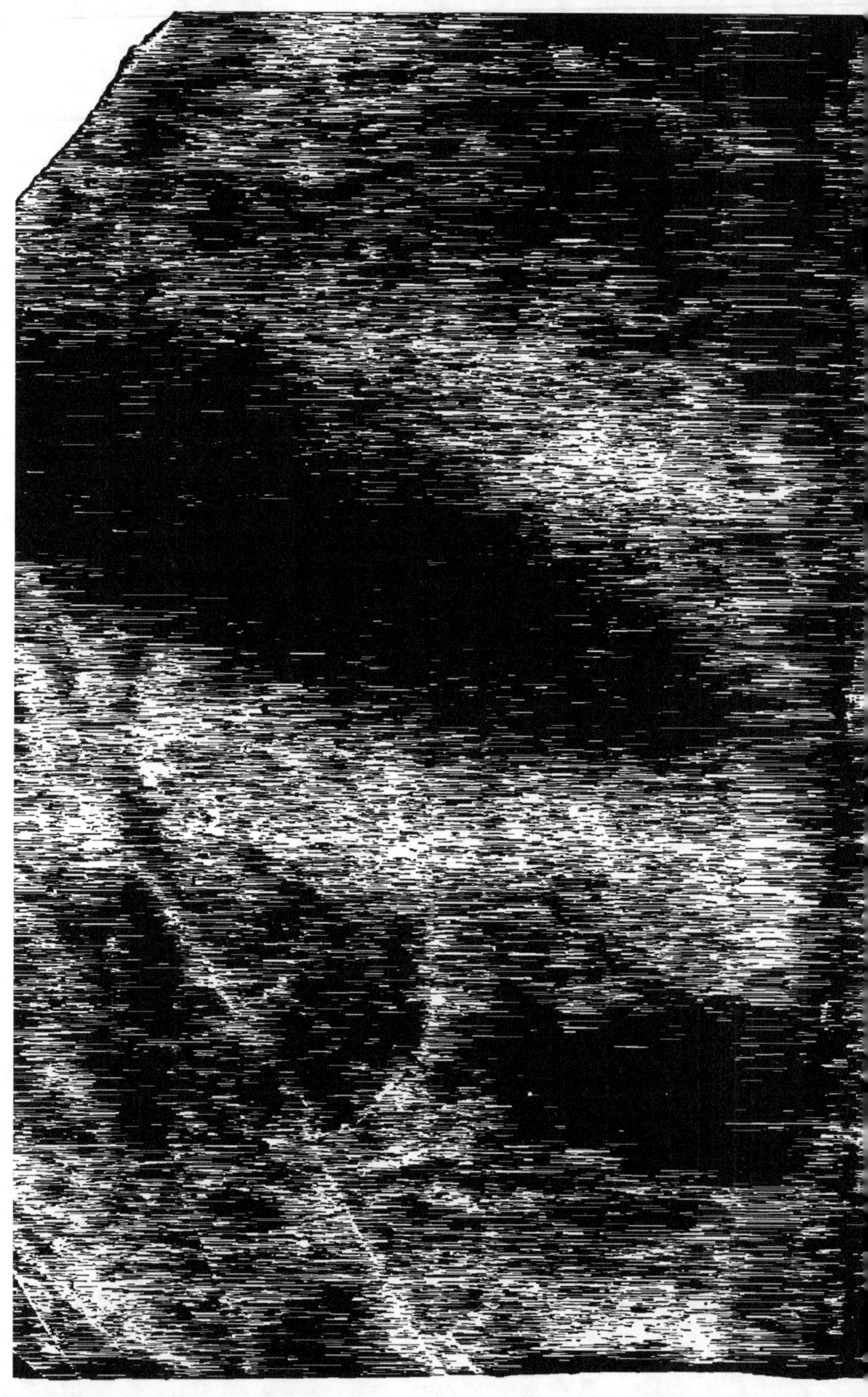

VÉRITABLE
MÉTHODE D'ENSEIGNEMENT

ET

ABRÉGÉS D'HISTOIRE

PREMIER LIVRE DE LECTURE ET D'ORTHOGRAPHE

A L'USAGE DES ÉCOLES

PAR

LAGET, DAVID

INSTITUTEUR

NICE

Typ., Lith. et Lib. S. C. Cauvin et Cⁱᵉ

6 rue de la Préfecture 6

1874.

AVERTISSEMENT.

Les méthodes d'enseignement débordent de toutes parts, et néanmoins je n'ai connaissance d'aucune qui soit ce qu'elle devrait être. Sans entrer ici dans aucun détail à ce sujet, j'invite les personnes qui s'intéressent à l'instruction de la jeunesse à prendre connaissance de celle que je publie à titre d'essai, et si elles me jugent digne de leur avis, je leur en saurai gré.

J'attends de bons résulttas de cette Cacographie toute nouvelle, ainsi que de la marche que j'ai à suivre, et elle me paraît nécessaire dans les écoles primaires.

Les formalités exigées par la loi ayant été remplies, toute contrefaçon ou imitation sont absolument interdites.

Tout exemplaire non rêvetu de ma signature sera réputé contrefait.

LAGET, DAVID.

Signature de l'auteur :

ABRÉGÉ D'HISTOIRE SAINTE

CHAPITRE Ier

1. Tou. ce qui nous enviro.ne n'a pas
toujours été — Au co.mencemen. Dieu créa
le ciel et la terre — Le premier jour, il fi.
la lumière ; le deusième* le firmamen. ; le
troisième, la mer, tou. les arbres et toute.
les plante. ; le quatrième, le soleil, la lune
et les étoile. ; le cinquième, les poissons et
les ois.au. ; le sisième* tou. les animau. —
Dieu termina ce jour-là l'ouvrage de la
création en faisan. le premier .o.me et la
première femme à son image et à sa res-
semblance — Le sé.tième* jour Dieu se
reposa.

2. Le premier .o.me et la première
femme son. no. premier. paren. — Après
les avoir créé., Dieu les mi. dans un lieu
où il y avai. toute. sorte. d'arbres et de

frui.; Dieu leur défendi. seulemen. de manger des frui. d'un arbre en leur disan. que s'ils en manjai.* il. mou.rai. — Mai. la femme se laissa tenter par le démon, elle manja* du frui. défendu et en porta à son mari qui imita sa désobéissance — Dieu, pour les punir, les chassa du jardin déli-cieu., les conda.na à b.aucou. de misère-s et à la mor.

3. Bi.intôt* aprè. Dieu leur do.na deux enfan. don. l'un cultiva la terre et l'autre garda les troup.au. — Le premier étai. méchan., le segon* éiai. bon et Dieu l'aimai. — Un jour celui qui cultivai. la terre dit à son frère : « Vi.in* nous iron. faire une pro-menade à la campagne » — Il. partire. tou. les deu., mais à peine fure.t-ils un peu loin que le méchant enfan. se mit à fra.per son frère et le tua — Pui. le bon Dieu lui de-manda où étai. son frère, et il répondi. qu'il ne le savai. pa., qu'il n'en étai. pa. le gardi-in* — Alor. Dieu lui di. que parce qu'il avai.

tué son frère, il serai. maudit, erran. et vagabon. par toute la terre — Aussitô. ce méchant enfan. abando.na son père et sa mère et s'en a.la dans un pai-is* où il .ut aussi des enfan. qui fure. méchan. co.me lui.

4. Ensuite Dieu do.na à no. premier. paren.s un troisième fi.s qui fu. le père d'un gran. nombre d'autres enfan. dont il y en .u. de bons et de méchan. — Il y en .ut un surtou. que Dieu pour le récompenser de sa piété le prit au ciel san. le faire mourir, et un autre qui vécu. trè.-lon.tem. sur la terre — Mai. peu à peu les bon. s'a.lière. avec les méchan.s et leur devinre. semblable. — Il a.riva un momen. où il ne se trouva parmi tou. les .abitan. de la terre qu'une seule famieu* qui .û. conservé la crainte du Seigneur — Aussi Dieu pour châtier tou. les méchan.s envoi-ia* le déluge universel — Il y avait alors environ 1600 an. que le monde étai. créé.

Adam, Eve, Caïn, Abel, Seth, Hnoch. Mathusalem — Paradis terrestre, l'arbre de la science du bien et du mal.

* *Ecrivez* : deuxième, sixième, septième, mangeaient, mangea, bientôt, second, viens, gardien, pays, famille, envoya.

REMARQUE. A la fin de chaque chapitre nous donnerons toujours les noms propres auxquels il sera fait allusion dans le cours du chapitre ; ainsi que les mots dont l'orthographe aura été dénaturée, mais nous ne répéterons pas ces derniers. L'élève les trouvera toujours marqués d'un astérisque, mais ils ne seront en général orthographiés qu'une fois dans les renvois du même livre. — Lorsque les élèves copient ils doivent toujours les bien écrire. On pourra faire substituer les noms propres aux pronoms qui les représentent dans le cours de la lecture soit en écrivant soit en lisant.

Interdire sévèrement aux enfants d'écrire sur le livre.

CHAPITRE II.

Le déluge fut une grande inondation qui couvri. toute la terre—Cent ans auparavan. le Seigneur avait ordo.né au chèfe* de cette famieu* qui seule avai. conservé l'amour de Dieu, de faire un gran. bat.au où il put entrer, lui, sa femme, ses troi. fi.s et leur femme — Dieu ordo.na. encore à cet .o.me juste de mettre dan. le bat.au plusieur. couple. d'animau. — Lorsque tou. fu. fai., Dieu ferma lui-même la porte de cette grande maison qui devai. sauver du naufrage général ceu. qui l'.abitai., et fi. pleuvoir avec violence pendan. quarante jours et quarante nui. — Toute la terre fu. couverte par l'.au ; il y en avai. jusqu'à quinze coudé. au-dessus des plus *aute. montagne. — Aussi il n'y .u. de sauvé que les perso.nes et les animau. qui étai. dan. le bâtimen.

6. Pendan. cen. cinquante jour. l'.au couvri. la terre — Ensuite Dieu fi. sou.fler un gran. ven. et les. au. diminuère. — Quelque tem.s aprè. les .o.mes et les animau. qui avai.t été sauvé. par la bonté de Dieu, pure. de nouv.au .abiter la terre et la repeupler — En sortan. du bat.au le bon père de famieu* o.frit à Dieu un sacrifice pour le remercier de l'avoir préservé de la mor. ; Dieu le bénit,

ainsi que ses enfan.s et leur di. ; « Croissez et multipliez, remplissez la terre » — Le Seigneur fit alors a.liance avec eu., leur promi. de ne plus envoi.ier* de déluge, et créa un signe dan. le ciel co.me souvenir de cette a.liance et de ses promesse.—

7. Alor. cet .o.me juste se mit à cultiver la terre — Il planta. la vigne, et co.me il ne connaissai. pa. la force du vin, il s'enivra. et s'endormi. dans une posture indécente—Un de ses trois enfant. le vi. dan. cette position, se moqua de lui et a.pela ses frère. pour s'en moquer aussi—Mai. ceu.-ci, loin de l'imiter, couvrire. leur père avec un mant.au — Lorsque le père se révei.ia*, béni, ses deux enfan. tandis qu'il maudi. la postérité de l'autre — Les enfants de ce saint .o.me se multiplière. rapidemen. — Ils .ure. b.aucou. d'autres enfan. de sorte qu'il. ne pure. pa. lon.tem.s .abiter ensemble— Avan. de se séparer, il leur vin. le dess.in de bâtir une tour qui s'éleva. jusqu'au ciel ; mais après

qu'ils en .ure. fait une partie, Dieu confondi.
leur langage et il. ne pure. plu. continuer
leur fo.le entreprise — Il. se dispersère. par
toute la terre et bâtire. des vi.le.—

Noé, Sem, Cham. Japhet, — Arche, arc-en-ciel,
* *Ecrivez* : Chef, envoyer, réveilla.

CHAPITRE III.

8. Il s'était alors écoulé environ 1000 an.
depui, le déluge, et presque tou. les .o.me.
de la terre étai. redevenus aussi mauvai. que
ceu. qui avai. péri dan. cette grande inondation — Le Seigneur fi. de nouveau a.liance
avec un autre saint .o.me et lui promi.
qu'il serai. le père d'un gran. peuple qui
devait être le peuple de Dieu — Cependan.
cet .o.me étai. vieu., sa femme l'était aussi,
et il n'avai. poin. d'enfan. ; mais il croi-iai*
fermemen. au. promesse. du Seigneur —
Il qui.ta son pai-i* et s'en a.la avec son neveu

dan. la terre que Dieu lui montra et qu'il lui promi. de do.ner à sa postérité — Là trois anges a.parure.t à sa femme, et lui dire, que dans un an elle aurait un fi.s, ce qui a.riva en effet —

9. Le neveu du sain. patriarche était a.lé .abiter dans une vi.le où les gens étai. si mauvai. que Dieu pour la punir résolu. de la brûler en faisan. tomber sur elle le feu du ciel, mais avan. cela il envoi-ia* deux ange. pour l'en faire sortir, lui et toute sa famieu* Les anges a.lère. dan. cette vi.le sou. la forme de deux .o.me, et les .abitan. reco,naissan. qu'ils étai. des étranger., voulai. les outrager; mai. les ange. fire. devenir aveugle. tou. ces .o.me méchan. et dire.t au neveu du patriarche de sortir vite de cette mauvaise vi.le avec sa femme et ses ses deux fieu*, de s'en éloigner prom.temen. san. même regarder derrière eu.—Aussitôt. qu'il. fure. sorti. Dieu fi. tomber une plui. de feu et de soufre, qui dévora cette vi.le et une

autre qui était égalemen. coupable ; et tou.
leurs .abitan. périre. par les fla.me.— La
femme en entendan. le brui. de ce vaste
incendi., se retourna pour regarder malgré
la défense des ange., et sur l'.eure elle fu.
puni. de sa curiosité—

10. L'enfan. don. les trois anges avai.t
a.noncé la naissance, étai. déjà gran.
lorsqu'un jour Dieu dit à son père : « Pren.
ton fils unique et va sur la montagne que
je te montrerai, là tu me l'o.friras en
.olocauste » c'est-à-dire, tu le fera. mourir
et tu brûlera. son cor. — Le père, .o.me
d'une grande foi, sans .ésiter pri. son cher
enfan. avec deu. serviteur. qui portai. le
boi. ; et san. parler de ce qu'ils a.lai. faire,
marchère. pendan. troi. jours avan. d'a.river
au ba. de la montagne — Là, le père dit
au. deu. serviteur. de ne pas a.ler plu. loin ;
il mi. le boi. sur les épaule. de son fils ; lui,
pri. le fer et le feu et se dirigère. tou. les
deu. ver. le so.met de la montagne — Avan.

d'y a.river l'enfan. dit à son père : « Mon père, nou. porton. le feu et le boi., mais où est don. la victime qui doit être égorgé. ? » Et le père répondi. : « Mon fi.s, Dieu y pourvoira » Lorsqu'il. fure. à l'endroi. désigné, le père fit avec des pierres un autel sur lequel il pla-sa* le boi. ; ensuite il pren. son fi.s, âgé de trente ans environ, le couche sur le bois et l'.tache ; il va lui do.ner la mor. ; il a le bra. levé et le glaive à la main — Mais un ange l'a.rête aussitôt et lui di, : « Ne fai. poin. mourir cet enfan. ; je voi. maintenan. que tu crain. Dieu et que pour lui obéir tu n'a. pas épargné ton fi.s unique » Le père dan. son émotion regarde autour de lui, et apercevant un bélier emba.rassé par les corne. dans un buisson, le pren. et l'o.fre à Dieu à la place de son enfan. chéri — Dieu renouvelle alors à ce sain. patriarche les promesse. qu'il lui avai. déjà faite., c'est-à-dire de rendre sa postérité aussi nombreuse que les étoile. du firmamen. et que les grain. de sable de la mer — Dieu ajoute qu'il bénira en sa race toute. les nation. de la terre, ce qui veu. dire qu'il fera sortir d'elle le Sauveur du genre .umain —

Abraham , Loth , Isaac — Statue de sel , montagne de Moria près de Jérusalem.
* Écrivez : croyait, filles, plaça.

CHAPITRE IV.

11. Ce saint .o.me qui venai. de montrer tan. d'obéissance aux ordre. du Seigneur, .u. la consolation avan. de mourir de marier son fi.s, ce tendre fi.s si soumis à son père — C'est ce jeune .o.me qui étai. l'.éritier des promesse. de Dieu ; aussi quelques anné.s aprè. son mariage, il devin. père de deux enfan. jum.au. don. l'un vendit à son frère son droi. d'aînesse pour un pla. de lentieu*, et fut ensuite privé de

la bénédiction de son père — A cette
o.casion, il entra dans une grande colère
et voulai. tuer son frère — Mai. celui-ci,
qui était l'aîné et qui venai. d'être béni. par
son père, s'en a.la dans un pai-is* où étai.
son oncle, le père de sa mère, laquelle lui
avai. do.né ce conseil — Après avoir
marché toute la journé., il se coucha le
soir en pleine campagne, mit une pierre
sur sa tête et s'endormi. — Pendan. son
so.meil, il vit une échelle qui touchai. le
ciel et la terre et des anges qui montai. et
descendai. par cette échelle — Au so.met
de l'échelle, il vi. le Seigneur qui lui di : « Je
sui. le Dieu de tes père. ; je te do.nerai la
la terre sur laquelle tu dor. ; toute. les
nation. seron. béni.s en toi et en celui qui
sortira de toi » — A son réveil, ce jeune
.o.me consacra au Seigneur la pierre sur
laquelle il avai. reposé sa tête, et do.na à
cet endroi. le nom de Maison de Dieu —
Ensuite il continua sa route et a.riva à la

maison de son oncle qui lui fi. garder ses troup.au, pendant vin.t an. — Là, ce jeune .o.me se maria et .u. douze fi.s et une fi-eu* — Aprè. vin.t anné. passé. .or. de son pai-is*il revint avec toute sa fami-eu* aupré. de ses paren. — Le lon. de sa route, il rencontra des anges et il lu.ta toute la nuit avec un — Cet ange lui do.na un nom qui si.nifi. *for. contre Dieu même*, et il lui di. qu'il ne devai. plu. craindre les .o.me. — Ai-ian* continué son chemin, il rencontra son frère qui autrefoi.voulai. le faire mourir; ils a.lère. l'un au-devant de l'autre et s'embrassère. en pleuran. — Depui. lors, il. fure. toujours ami.

12. Les douze fi.s de cet .o.me fure. nommé. les douze patriarche. et fure. les douze chéfe* du peuple de Dieu — Parmi ces douze enfan.s, il y en avait un tou. jeune que le père aimai. plus que les autre., c'est pour cela qu'il lui avai. do.né une plu. joli. robe — Un jour, ce petit enfan. raconta

2..

aussi à ses frère. qu'il avait .u. des songe.
duran. la nui. et il leur dit ce qu'il avai. vu
— « Il me semblai., dit-il, que nous étions
ensemble dans un cham., nous li-ion. des
gerbes et la miène* se tenai. debou. toute
seule pendan. que les vôtre. se courbai.
devant elle et semblai. l'adorer — Une autre
fois, il m'a semblé voir encore le soleil, la
lune et onze étoile. qui m'adorai. » Ses
frère., déjà très-jalou. à cause de la
préférence que leur père avai. pour lui,
après le récit de ses songes, résolure. de le
faire mourir — Un jour qu'ils étai.t à la
campagne à garder les troupeau., le père
dit à son jeune fils d'a.ler voir ce que faisai.
ses frère. — Aussitô. que ceu.-ci le vire.
venir de loin, il. se dire. l'un à l'autre :
« Voici notre songeur qui vi-in*, tuon.-le et
nou. dirons à notre père qu'une bête féroce
l'a dévoré » — Cependant il y en .ut un
qui di.: « Non, ne tuon. pa. notre frère,
mai. descendon.-le dan. cette citerne sans

.au. » — Et quan. le jeune enfan. fut a.rivé prè. d'eu., il. le prire. et le descendire. dans la citerne — Ver. la fin du jour, il passa des marchan. qui a.lai. dans un pai-is* éloigné, aussitôt un autre de ces méchan.s enfan. dit : « Sorton. notre frère de la citerne et vendon.-le à ces .o.me. qui passe. » — Ils a.rêtère. don. ces .o.mes et leur vendire. leur jeune frère pour vin. pièce. d'argen. — Ensuite il. prire. sa joli. robe, la trempère. dans le san. d'un chevr.au et la portère. à leur père en lui disant : « Voi-iez* si ce n'est pa. la robe de votre fi.s » — Le mal.eureu. père en la voi-ian* s'écria : « Ah ! c'est bien elle ; une bête cruelle a dévoré mon fils ! » — Aussitôt il se mit à pleurer et il dit à ses autres enfan. qu'il pleurerai. son fi.s jusqu'à sa mor.

Esaü, Jacob, Laban, Rebecca, Joseph, — Mésopotamie.

Écrivez: Lentilles, fille, ayant, chefs, mienne, vient, voyez, voyant, bien.

CHAPITRE V.

13. Les marchan. conduisire. l'enfan.
dans un pai-is* étranger; là il. le revendire.
à un .o.me qui co.mandai. les troupe. du
roi de ce pai-i* — Dieu aimai. cet enfan.
parce qu'il étai. sage et obéissan.; aussi à
cause de lui, il favorisa celui qui l'avait
acheté, c'est-à-dire qu'il le fi. mieu. réussir
dan. ses a.faire. — Cet .o.me ne tarda pa.
non plus à aimer son jeune serviteur, âgé
de quinze ou seize an.; il mit en lui toute sa
confiance et le laissa co.me maître dan. sa
maison — Ce garson* était alors .eureu.
autan. qu'il est possible de l'être lorsqu'on
se trouve éloigné de son père et de sa mère;
mai. voilà qu'un jour la femme de son
maître qui étai. méchante, l'a.cusa devan.
son mari d'une faute qu'il n'avai. pa. co.mise
— Le mari cru. sa femme et fi. mettre le
brave jeune .o.me en prison où il resta
lon.tem. quoique bi-in* i.nocen. — Il a.riva

que dan. cette prison se trouvai. deu.
serviteur. du roi, et qu'une nui. tous les
deux .ure.t un songe dont il. demandère.
l'explication au nouv.au priso.nier : L'un
di. qu'il avai. vu dan. son rêve une vigne
ai-ian* troi. branche. chargé. de gra.pe. de
raisin; que lui prenai. ces raisin., les
pressai., faisai. couler le vin dans la coupe
du roi et qu'ensuite il lui servait à boire. —
Le jeune .o.me dit à celui-là que dan. troi.
jours il sortirai. de prison et il le pria de se
souvenir de lui lorsqu'il serait auprès du
roi, car il n'étai. pa. coupable —

L'autre serviteur raconta aussi son rêve
en disan. qu'il lui avai. semblé qu'il portai.
troi. corbei-ieu* sur la tête, que celle qui
étai. la plu. "aute étai. rempli. de gât.au.
que les ois.au. venai. becqueter — Le jeune
.o.me dit à ce mal.eureu. serviteur que dan.
troi. jour. le roi lui ferai. couper la tête et
a.tacher son cor.s à une croi. où les ois.au.
mangerai. sa chair —

14. Le serviteur qui fu. rétabli dan. sa charge ne parla pas au roi du jeune .o.me, et ce pauvre enfan. resta encore pendan. deux an. dan. la prison—Au bou. de ce tem. le roi .ut aussi deu. songe.— Dan. le premier il lui semblai. voir sé.t* vache. for. grasses et sé.t* autre.for. maigre. sortir d'un fleuve, et quant* elle. fure. réuni., les maigre. mangère. celle. qui étai. grasse. —Dan. le segon* songe, il avai. vu sé.t* épi. de blé rempli. de grain. dévoré. par sé.t* autre.qui n'en avai. poin. — Le roi à son réveil était effrai-ié* de ce qu'il avai. vu; il consulta aussitô. tou. les devin. de son roi-iaume*, mai. pas un ne pu. lui expliquer ses deu. songe. — Alors en s'excusan. de son oubli, le serviteur dit au roi que dan. la prison se trouvait un jeune étranger qui en avait expliqué un à lui et à son compagnon et que tou. ce qu'il leur avai. dit était a.rivé—Le roi ordo.na qu'on le lui amenâ. sur-le-cham. — Quan. le jeune .o.me

.ut entendu les songes il dit au roi que tou. les deux a.nonsai.* sé.t anné. d'une grande abondance qui serai. suivi. de sé.t* autres anné. d'une .o.rible famine, et il ajouta que le roi devai. choisir un .o.me sage et le charger de faire ramasser une grande quantité de blé pendan. les anné. d'abondance afin de préserver le peuple des .o.reur. de la famine — Le roi éto.né de la sagesse de ce jeune .o.me, di. qu'il ne pouvai. trouver perso.ne de plu. digne que lui pour exécuter ce qu'il venai. de dire — Pui. tiran. l'a.n.au de son doi., le mit à celui du jeune .o.me; il lui mit aussi un co.lier d'or autour du cou, et le fi. revêtir d'une belle tunique; ensuite il le fi. monter sur son char et co.manda qu'un "érau. marchâ. devan. pour obliger tou. le monde à fléchir le genou devan. le sage jeune .o.me qu'il a.pela le sauveur du monde — En même tem. le roi l'établi. son premier ministre et gouverneur de tou. le roi-iaume*

— Voilà maintenan. cet enfan. que ses frère. voulai. faire mourir, et qu'il. vendire. pour vin. pièce. d'argen. — Il va lui-même par sa sagesse préserver de la mor. une grande quantité de perso.nes et ses frères eu.-même. — Maintenan. il est ministre, il il est gouverneur d'un gran. pai-is* où il est tou.-puissan. et le premier après le roi.

Putiphar, Pharaon — grand échanson, grand panetier, — Égypte.

Ecrivez: garçon, corbeilles, sept, quand, effrayé, royaume, annonçaient.

CHAPITRE VI.

15. Après avoir été revêtu de tan. de dignité., le nouv.au gouverneur, alors âgé de trente ans, fi. faire aussitô. des grenier. dan. toute. les vi.le. du roi-iaume* et les fi. remplir de blé pendan. les anné. d'abondance—Ainsi qu'il l'avai. prédi., une

grande stérilité succéda à l'abondance et bi-intô* de tou. les côté. on s'adressa au roi pour acheter du blé ; mais le roi renvoi-iai* tou. le monde à son gouverneur qui en faisai. do.ner à tou. ceu. qui lui en demandai. — La famine se fi. sentir dan. b-aucou. de pai-i*, mais surtou. dan. celui du gouverneur où se trouvai. ses frère. qui l'avai. vendu et son père qui l'avai. tan, pleuré — Quan. ce bon père qui étai. déjà vieu., .ut a.pri. que l'on vendai. du blé dans un pai-is* étranger, y envoi-ia* ses enfan., mais il garda avec lui le plu. jeune — Les dix autre. partire.t ensemble et a.lère. trouver cet .o.me riche et puissan. qui avait une si grande quantité de blé à vendre —

Il. se présentère. devan. lui — En les voi-ian* le gouverneur reco.nu. tout de suite ceu. qui l'avai. descendu autrefoi. dan. la citerne, mai. ses frère. ne le reco.naissai. plu. ; lui fi. co.me s'il ne comprenai. pa. leur langage, et il leur parla par un interprète — « A cou. sûr, leur dit-il, vous ête. des espion., venus ici pour voir les endroi. mal fortifié. du pai-i* — Non, seigneur, répondire.t-il., telle n'est pa. notre intention ; notre père nous a envoi-ié* pour acheter du blé — Nous étion. douze frère., le plu. jeune est resté avec notre père et l'autre n'est plus en vi. — Je m'assurerai, di. le gouverneur, si c'est la vérité ; vou. ne sortirez d'ici que lorsque j'aurai vu votre plu. jeune frère, et il les fi. mettre en prison — Troi. jours après, il leur di. : « Que l'un de vou. reste encore dan. la prison, et que les autres préne* leur sac de blé et a-lieu* chercher ce jeune frère don. vou. m'avez parlé — Alors il. se regardère., et se disai. l'un à l'autre : « Tou. ce qui nous a.rive n'est que tro. juste, car nou. so.me. coupable-s enver. notre frère que nou. voulion. faire mourir ; nou. n'avon. pas .u pitié de lui et nou. n'avon. pas écouté les prière. qu'il nous adressai. — »

Il. parlai.t ainsi entre eu. et ne se doutai.
pa. que le gouverneur comprî. leur. parole.
ni qu'il fû. leur frère, car ce jeune enfan.
qu'ils avai. vendu pour vin. pièce. d'argen.
étai. là devant eu. co.me un roi; et, en les
entendan. parler de lui, il ne pouvai. retenir
ses larme. — Il sortit un momen. pour
pleurer, et co.manda à ses o.ficiers de
remplir de blé les sac. de ses frère-s et d'y
mettre dedan. l'argen. qu'ils avai.t apporté;
puis il en garda un priso.nier et laissa
partir les autre.

16. De retour dan. leur pai-i*, ces enfan.
fure. très-éto.né. de trouver dan. leur. sac.
l'argen. qu'ils avai. donné pour le blé;
ensuite il. racontère. à leur père tou. ce qui
leur était a.rivé; et le père fu. très-a.fligé de
la promesse qu'ils avai. faite au gouverneur
de lui amener leur jeune frère, et di. que
jamais il ne le laisserai. partir de peur qu'il
ne lui a.rivâ. quelqu'autre mal.eur —

Cependan. le blé finissait et la famine

durai. toujour.; or, co.me il voulait les envoi-ier* en acheter encore, il. répondire. qu'il n'irai. pa. si leur jeune frère ne venait avec eu., et l'un d'eu. s'engaja* à le ramener sain et sauf — Le père forcé par la nécessité, laissa a.ler son jeune fi.s en prian. Dieu de le préserver de tout acciden. — Il fi. prendre à ses enfan. b.aucou. de présen. pour o.frir au gouverneur et une so.me d'argen. double de la première — Aussi tô. que celui-ci su. que ses frère-s étai. de retour et qu'ils amenai. leur jeune frère, il ordo.na à son intendant de préparer un festin — Lorsqu'il. parure. devant lui il le saluère. en s'inclinan. jusqu'à terre et lui o.frire. leur. présen. — Le gouverneur les salua aussi avec bonté et leur demanda des nouvelles de leur père; puis il leur di., en désignan. le plu. jeune : « Est-ce là votre frère don. vous m'aviez parlé ? Que Dieu te conserve et te soi. toujour. favorable, lui dit-il » Mai. le gouverneur à la vu. de ce

jeune enfan. qui étai. de la même mère que
lui, ne pouvai. plu. retenir ses larme. ; il
fut obligé de sortir pour pleurer ; pui.
s'étan. lavé le visage, il rentra et se mit à
table avec ses frère. —

17. Le repa. fini, le gouverneur ordo.na
qu'on rempli. les sac. de ses frère., qu'on y
mit encore l'argen. qu'ils avai.t a.porté et
que l'on cachâ. sa coupe dan. celui du plu.
jeune — A peine étai.t il. parti. qu'il fi.
courir après eu. son intendan. qui les a.cusa
d'avoir volé la coupe de son maître — Tous
protestère. contre une parei-ieu* action en
disan. : « Que celui d'entre nou. qui sera
reco.nu coupable de ce vol soi. puni de
mor., et que les autre. soi. les esclave. de
votre maître — » On visita les sac. et la
coupe se trouva dan. celui du plus jeune —
Alor. tous déchirère. leur. vêtemen.s en
signe de douleur et revinre. à la vi.le
accablé. de chagrin — Le gouverneur en
les voi-ian* leur di : « Pourquoi m'avez-vous

rendu le mal pour le bi-in*? Que celui qui avai. ma coupe soi. mon esclave ; les autre. son. libre. de partir — » Alor. celui qui avai. promis à son père de lui ramener son jeune frère, se jeta au. pié* du gouverneur et lui di : « Seigneur que je soi. moi votre esclave à la place de ce jeune enfan., car notre père mou.ra de douleur s'il ne voi. pas retourner son fi.s chéri — Mai. le gouverneur ne pouvan. plus retenir ses larme., s'écria en pleuran. : Je suis votre frère ; mon père vit-il encore ? Ne craignez ri-in* a.prochez-vou. de moi, car c'est Dieu qui a voulu tou. ce qui est a.rivé, et qui m'a fai. venir dan. ce pai-i* pour vou. sauver la vi. — "atez-vou. d'a.ler chercher mon père, je vous nou.rirai ici car il reste encore cinq anné. de famine — Il les embrassa tous tendremen. et surtou. le plus jeune pour lequel il avait une a.fection particulière—

18. Quan. le père a.pri. que son fi.s

vivait encore, il s'écria qu'il n'avai. plu.
ri-in* à désirer sur la terre : « J'irai, dit-il, et
je le verrai avan. de mourir — » Et il
partit avec toute sa fami-eu* composé. de
soixante-dix perso.ne. — Le gouverneur a.la
au-devan. de son père et dè. qu'il le vi., il
couru. se jeter à son cou ; mais leur. larme-s
étou.fan. leur. parole., il. restère. lon.tem.
dan. les bra. l'un de l'autre san. pouvoir se
parler — Il le présenta ensuite au roi qui
lui demanda son âge — Le bon viei-iar*
répondi. : « Depui. cen. trente an. je
voi-iage* sur la terre, et ces jour. moin.
nombreu. que ceu, de mes père., ont été
a.tristé. par b.aucou. de mau. » — Le roi lui
do.na une terre très-fertile où il vécut
encore dix-sé.t an. — Avan. de mourir,
il fi. promettre au gouverneur de faire
transporter son cor. dan. le tomb.au de ses
père. ; puis il réuni.ses autres enfan.s autour
de son li. de mor., et leur prédi. ce qui
devait a.river à chacun — Il dit au

quatrième que le Désiré des nation.,
c'est-à-dire le Messi., naîtrai. de sa race, et
que le .céptre* n'en sortirai. pa. jusqu'à cet
.eureux avénemen.— Ai-ian* fini de parler,
il expira au milieu d'eu. — Aussitô. qu'il
fu. mor. le gouverneur l'embrassa en
pleuran.; puis il fit embaumer le cor. de
son père et le conduisit lui-même,
a.compagné de ses frère., dans son pai-is*
où il fut déposé dans le sépulcre de ses
ancêtre.

19. De retour, les frère. du gouverneur
voi-ian* que leur père n'étai. plus et que
leur frère étai. tou.-puissan. crai.nire. qu'il
les puni. pour le mal qu'ils avai. voulu lui
faire dan. son enfance; mais celui-ci les
rassura tou- de suite en leur répétan. que
Dieu avai. tou. permis pour un plu. gran.
bi-in*; et il vécut encore avec eu. pendan.
de longue-s anné. san. cesser de les combler
de toute. sorte. de bonté. — Avan. de
mourir il leur a.nonsa* qu'il ne serai. pa.

pour toujours dan. cette terre étrangère, mai. que Dieu les visiterait et leur enverait un libérateur qui les en ferai. sortir et les conduirai. dan. celle qui avait été promise à leurs a-ieu* — Ensuite ce gouverneur qui avai. toujours été sage, fi. promettre à ses frère. que lorsqu'il. quitterai. ce pai-i*, ils emporterai. son cor.s avec eu.; et il mourut à l'âge de cen. dix an.—

Les douze enfants de Jacob, sont : Ruben, Siméon*, Lévi, Dan, Juda*, Gad, Aser, Issachar, Zabulon, Joseph* et Benjamin*— Il eut aussi une fille nommée Dina — Rachel — La terre de Chanaan, de Gessen —

Ecrivez : Renvoyait, envoyés, prennent, aillent, s'engagea, pareille, pieds, rien, vieillard, voyage, sceptre, annonça, aïeux —

ABRÉGÉ DE GRAMMAIRE.

1º Il y a dix sortes de mo. qui son.: *le nom, l'article, l'adjectif, le pronom, le verbe, le participe, l'adverbe, la préposition, la conjonction et l'interjection—*

Le *nom* ser. à distinguer les différente-s

espèce. des .être. et à .nommer .tou. ce qui existe —

Un nom .est au singulier quand .il ne désigne qu'un seul .être, .co.me *mon livre, mon ca-ier*, mon crai-ion*, ma plume, un arbre, une feu-lieu*, une plante, le tabl.au, le bur.au, le cheval, la table, la carte, la chaise, un feu, un cheveu, un neveu,* ; et il .est au pluriel quand il désigne plusieurs .être. co.me : *mes livre., mes ca-ier., mes crai-ion*, mes plume.,des arbre.,des feu-lieu*,des plante., les tabl.au., les carte., les chaise., des feu.,des cheveu., des neveu.;* alors il doi. se terminer par un *s,* ou un *x,* ou un *z —*

On di. qu'un. nom .est masculin quand il désigne un être mâle, co.me :*.un bœuf, un cheval, un mouton, un coq, le tabl.au, le livre, le fauteu-i*, le solé-i*,* et qu'il est féminin, quand il désigne un être femelle, co.me: *une vache, une cavale, une brebi., une poule, la table, la lettre, la chaise, la lune —*

2º On appelle. *article* quelque. peti. mo. que l'on met. devan. les .nom., et qui son. : *le, la, les, au, au., du, des —*

3º *L'adjectif* ser. à faire co.naître la couleur, la forme, l'éta. la qualité des être.

—*Blan., noir, rouge, gri., ver., violet., bleu, lon., cour., ron., ca.ré, gran., peti., bon, .eureu., mauvai., neuf, vieu., méchan.,* son.des adjectif. parce que l'on peu. dire : un .o.me *.eureu., bon, gran., peti., mauvai., méchan.; un.abi.blan., noir, rouge, ver., violet, bleu, bon, cour., vieu., neuf* — Quan. le nom des êtres est féminin, on met l'adjectif au féminin en le faisan. terminer par un *e muet* -— Ainsi on peu.dire : *une femme bonne, grande, petite, mauvaise, méchante, .eureuse; une robe, blanche, noire, rouge, grise, verte, violette, bleu., longue, courte, viei-ieu**, *neuve, une table ronde, ca.ré.* — Quand le nom est au pluriel on met aussi l'adjectif au pluriel en le faisan. terminer par un *s* — Les noms et les adjectif. qui son. terminés au singulier par un *s*, un *x* ou un *z* ne change. pas au pluriel -–- Il y a encore d'autre. mo. que l'on a.pelle adjectif. ; les voici : *ce, cet, cette, ces; mon, ton, son, ma, ta, sa, notre, votre, leur, mes, tes, ses, no., vo., leur.; un, deu., troi., quatre,* etc.; *premier, deuxième, troisième, quatrième,* etc.; *aucun, autre, certain., chaque, main, même, nul, pas un, plusieur.. quel, quelconque, quelque, tel, tou.* -—-

4° Le *pronom*, se met à la place du nom ; et il y a les pronom. de la perso.ne qui parle, de celle à qui l'on parle, et de celle de qui l'on parle.--- Ceu. de la première son. : *je, me, moi, nou.; le mi-in*, les mi-in*, la miéne*, les miéne*, le nôtre, la nôtre, les nôtre*. --- Ceu. de la deuxième sont : *tu, te, toi, vou. ; le ti-in*, la tiéne* les ti-in*, les tiéne*, le vôtre, la vôtre, les vôtre*. --- Les pronom. de la troisième perso.ne ou des chose. dont on parle, son. : *il, il., elle, elle., le, la, les, lui, leur, eu., se., soi, en, y ; le si-in*, la siéne., les si-in*, les siéne*, le leur, la leur, les leur. ; Celui, celui-ci, celui-là, celle, celle-ci, celle-là, ce, ce-ci, celà, ceu. ceu.-ci, ceu.-là, celle., celle.-ci, celle.-là, lequel, laquelle, lesquel., de laquelle, desquel., desquelle., duquel, à laquelle, au.quel., au.quelle. ; qui, que, quoi, don., où ; autre chose, autrui, chacun, l'un, l'autre, on, perso.ne, quelque chose, quelqu'un, quiconque, qui que ce soi., ri-in** ---

5° On a.pelle *verbe* le nom que l'on a do.né aux action. de tou. les être. --- Voici les verbe. qui serve. à conjuguer presque tou. les autre. :

Verbe **AVOIR** — ayant, eu, eue

Maintenant	*Demain*
J'ai	J'aurai
Tu as	Tu auras
Il a	Il aura
Nous avons	Nous aurons
Vous avez	Vous aurez
Ils ont	Ils auront

Autrefois	*Si je voulais*
J'avais	J'aurais
Tu avais	Tu aurais
Il avait	Il aurait
Nous avions	Nous aurions
Vous aviez	Vous auriez
Ils avaient	Ils auraient

Hier	*Aujourd'hui*
	Aie
J'eus	Ayons
Tu eus	Ayez
Il eut	*Il faut*
Nous eûmes	
Vous eûtes	Que j'aie
Ils eurent	Que tu aies

Qu'il ait	Que tu eusses
Que nous ayons	Qu'il eût
Que vous ayez	Que nous eussions
Qu'ils aient	Que vous eussiez
	Qu'ils eussent

Il faudrait

Que j'eusse

Verbe **ÊTRE** — étant, été

Maintenant   *Hier*

Maintenant	*Hier*
Je suis	Je fus
Tu es	Tu fus
Il est	Il fut
Nous sommes	Nous fûmes
Vous êtes	Vous fûtes
Ils sont	Ils furent

Autrefois	*Demain*
J'étais	Je serai
Tu étais	Tu seras
Il était	Il sera
Nous étions	Nous serons
Vous étiez	Vous serez
Ils étaient	Ils seront

Si je voulais	*Que tu sois*
	Qu'il soit
Je serais	Que nous soyons
Tu serais	Que vous soyez
Il serait	Qu'ils soient
Nous serions	
Vous seriez	*Il faudrait*
Ils seraient	
	Que je fusse
Aujourd'hui	Que tu fusses
	Qu'il fût
Sois	Que nous fussions
Soyons	Que vous fussiez
Soyez	Qu'ils fussent
Il faut	
Que je sois	

VERBE **AIMER** --- aimant, aimé, e

Maintenant	*Autrefois*
J'aime	J'aimais
Tu aimes	Tu aimais
Il aime	Il aimait
Nous aimons	Nous aimions
Vous aimez	Vous aimiez
Ils aiment	Ils aimaient

Hier

J'aimai
Tu aimas
Il aima
Nous aimâmes
Vous aimâtes
Ils aimèrent

Demain

J'aimerai
Tu aimeras
Il aimera
Nous aimerons
Vous aimerez
Ils aimeront

Si je voulais

J'aimerais
Tu aimerais
Il aimerait
Nous aimerions

Vous aimeriez
Ils aimeraient

Aujourd'hui

Aime
Aimons
Aimez

Il faut

Que j'aime
Que tu aimes
Qu'il aime
Que nous aimions
Que vous aimiez
Qu'ils aiment

Il faudrait

Que j'aimasse
Que tu aimasses
Qu'il aimât
Que nous aimassions
Que vous aimassiez
Qu'ils aimassent

VERBE **FINIR** — finissant, fini, e

Maintenant

Je finis
Tu finis

Il finit
Nous finissons
Vous finissez
Ils finissent

Autrefois

Je finissais
Tu finissais
Il finissait
Nous finissions
Vous finissiez
Ils finissaient

Hier

Je finis
Tu finis
Il finit
Nous finîmes
Vous finîtes
Ils finirent

Demain

Je finirai
Tu finiras
Il finira
Nous finirons
Vous finirez
Ils finiront

Si je voulais

Je finirais

Tu finirais
Il finirait
Nous finirions
Vous finiriez
Ils finiraient

Aujourd'hui

Finis
Finissons
Finissez

Il faut

Que je finisse
Que tu finisses
Qu'il finisse
Que nous finissions
Que vous finissiez
Qu'ils finissent

Il faudrait

Que je finisse
Que tu finisses
Qu'il finît
Que nous finissions
Que vous finissiez
Qu'ils finissent

Verbe **RECEVOIR** — recevant, reçu, e

Maintenant

Je reçois
Tu reçois
Il reçoit
Nous recevons
Vous recevez
Ils reçoivent

Autrefois

Je recevais
Tu recevais
Il recevait
Nous recevions
Vous receviez
Ils recevaient

Hier

Je reçus
Tu reçus
Il reçut
Nous reçûmes
Vous reçûtes
Ils reçurent

Demain

Je recevrai
Tu recevras
Il recevra
Nous recevrons
Vous recevrez
Ils recevront

Si je voulais

Je recevrais
Tu recevrais
Il recevrait
Nous recevrions
Vous recevriez
Ils recevraient

Aujourd'hui

Reçois
Recevons
Recevez

Il faut

Que je reçoive
Que tu reçoives

Qu'il reçoive | Que tu reçusses
Que nous recevions | Qu'il reçut
Que vous receviez | Que nous reçussions
Qu'ils reçoivent | Qve vous reçussiez
Il faudrait | Qu'ils reçussent

Que je reçusse

Verbe **RENDRE** — rendant, rendu, e

Maintenant	*Hier*
Je rends	Je rendis
Tu rends	Tu rendis
Il rend	Il rendit
Nous rendons	Nous rendîmes
Vous rendez	Vous rendîtes
Ils rendent	Ils rendirent

Autrefois	*Demain*
Je rendais	Je rendrai
Tu rendais	Tu rendras
Il rendait	Il rendra
Nous rendions	Nous rendrons
Vous rendiez	Vous rendrez
Ils rendaient	Ils rendront

Si je voulais

Je rendrais
Tu rendrais
Il rendrait
Nous rendrions
Vous rendriez
Ils rendraient

Cette semaine

Rends
Rendons
Rendez

Il faut

Que je rende

Que tu rendes
Qu'il rende
Que nous rendions
Que vous rendiez
Qu'ils rendent

Il faudrait

Que je rendisse
Que tu rendisses
Qu'il rendît
Que nous rendissions
Que vous rendissiez
Qu'ils rendissent

Le verbe est au singulier quand il désigne l'action d'un seul être, co.me : *je chante, tu chantes, il chante* ; il est au pluriel quand il désigne l'action de plusieurs êtres, co.me : *nous chantons, vous chantez, ils chantent* — Pour apprendre l'orthographe, il fau. se familiariser avec les mo.tel.qu'il. sont écri.dan.

le dictionnaire, ensuite on n'a qu'à consulter quelque. simple. règle. de grammaire pour voir co.men. les mo. variables s'a.corde. entre eu., et on peu. parvenir bi-intôt à écrire correctémen. — Les principau. mo. variable. son. de quatre sorte., savoir : *le nom, l'adjectif, le verbe et le participe* — L'a.cor. du *nom*, de l'*adjectif* et du *participe* est tout bo.nemen. une question de genre et de nombre. — Le *verbe* au lieu du genre, a le tem.s et le mode —

6. Le *participe* n'est autre chose que le verbe sou. forme d'adjectif — Il y en a de deu. sorte. : le participe *présen.* qui est toujours invariable et terminé par *ant*, co.me *chantant, dansant, aimant* ; et le *participe passé* terminé ordinairemen. par *é, i, u, s, t*, co.me : *aimé, fini, rendu, mis, fait*, et qui s'a.corde généralemen. en genre et en nombre avec le *mo.* auquel il se ra.porte, excepté lorsqu'il est conjugué avec le verbe *avoir* ou le verbe *être* et que ce *mo.*

est placé aprè. *lui* — Exemple : *J'ai aimé* la *danse*; ils *ont fini* leur *travail*; nous *avons écrit* des *lettres*; ils se *sont coupé* la *main*; ces deux amis se *sont écrit* plusieurs *lettres*; elle *aura lu* ma *lettre* —

7. L'*adverbe*, la *préposition*, la *conjonction* et l'*interjection* son. les quatre espèce. de mo. qui. s'écrive. toujours de la même manière., et qui serve. à modifier la si.nification de certain. mo.; à indiquer le ra.por. que d'autres ont entre eu.; à lier les propositions entre elle.; et enfin, à exprimer les émotion. diverse. de l'âme —

---

mon	ma	mes	me 1	me 2	me 3
ton	ta	tes	te	te	te
son	sa	ses	lui	le	se
notre	notre	nos	nous	nous	nous
votre	votre	vos	vous	vous	vous
leur	leur	leurs	leur	les	se

m'	m'5	le mien	les miens	la mienne
t'	t'	le tien	les tiens	la tienne
l'	s'	le sien	les siens	la sienne
nous	nous	le nôtre	les nôtres	la nôtre
vous	vous	le vôtre	les vôtres	la vôtre
les	s'	le leur	les leurs	la leur

Les miennes, les tiennes, les siennes, les nôtres, les vôtres, les leurs —

*Écrivez : crayon, feuille, crayons, feuilles, fauteuil, soleil, vieille, mien, tien, sien, mienne, tienne, sienne.

TABLE DE MULTIPLICATION

2 f. 2 font 4	3 — 8 font 24	5 — 9 — 45
2 — 3 — 6	3 — 9 — 27	
2 — 4 — 8		6 f. 6 font 36
2 — 5 — 10	4 f. 4 font 16	6 — 7 — 42
2 — 6 — 12	4 — 5 — 20	6 — 8 — 48
2 — 7 — 14	4 — 6 — 24	6 — 9 — 54
2 — 8 — 16	4 — 7 — 28	
2 — 9 — 18	4 — 8 — 32	7 f. 7 font 49
	4 — 9 — 36	7 — 8 — 56
3 f. 3 — 9		7 — 9 — 63
3 — 4 — 12	5 f. 5 font 25	8 f. 8 font 64
3 — 5 — 15	5 — 6 — 30	8 — 9 — 72
3 — 6 — 18	5 — 7 — 35	
3 f. 7 — 21	5 — 8 — 40	9 f. 9 font 81

TABLE D'ADDITION

1 et 1 f. 2	4 et 1 f. 5	7 et 1 f. 8
1 — 2 — 3	4 — 2 — 6	7 — 2 — 9
1 — 3 — 4	4 — 3 — 7	7 — 3 — 10
1 — 4 — 5	4 — 4 — 8	7 — 4 — 11
1 — 5 — 6	4 — 5 — 9	7 — 5 — 12
1 — 6 — 7	4 — 6 — 10	7 — 6 — 13
1 — 7 — 8	4 — 7 — 11	7 — 7 — 14
1 — 8 — 9	4 — 8 — 12	7 — 8 — 15
1 — 9 — 10	4 — 9 — 13	7 — 9 — 16
2 et 1 f. 3	5 et 1 f. 6	8 et 1 f. 9
2 — 2 — 4	5 — 2 — 7	8 — 2 — 10
2 — 3 — 5	5 — 3 — 8	8 — 3 — 11
2 — 4 — 6	5 — 4 — 9	8 — 4 — 12
2 — 5 — 7	5 — 5 — 10	8 — 5 — 13
2 — 6 — 8	5 — 6 — 11	8 — 6 — 14
2 — 7 — 9	5 — 7 — 12	8 — 7 — 15
2 — 8 — 10	5 — 8 — 13	8 — 8 — 16
2 — 9 — 11	5 — 9 — 14	8 — 9 — 17
3 et 1 f. 4	6 et 1 f. 7	9 et 1 f. 10
3 — 2 — 5	6 — 2 — 8	9 — 2 — 11
3 — 3 — 6	6 — 3 — 9	9 — 3 — 12
3 — 4 — 7	6 — 4 — 10	9 — 4 — 13
3 — 5 — 8	6 — 5 — 11	9 — 5 — 14
3 — 6 — 9	6 — 6 — 12	9 — 6 — 15
3 — 7 — 10	6 — 7 — 13	9 — 7 — 16
3 — 8 — 11	6 — 8 — 14	9 — 8 — 17
3 — 9 — 12	6 — 9 — 15	9 — 9 — 18

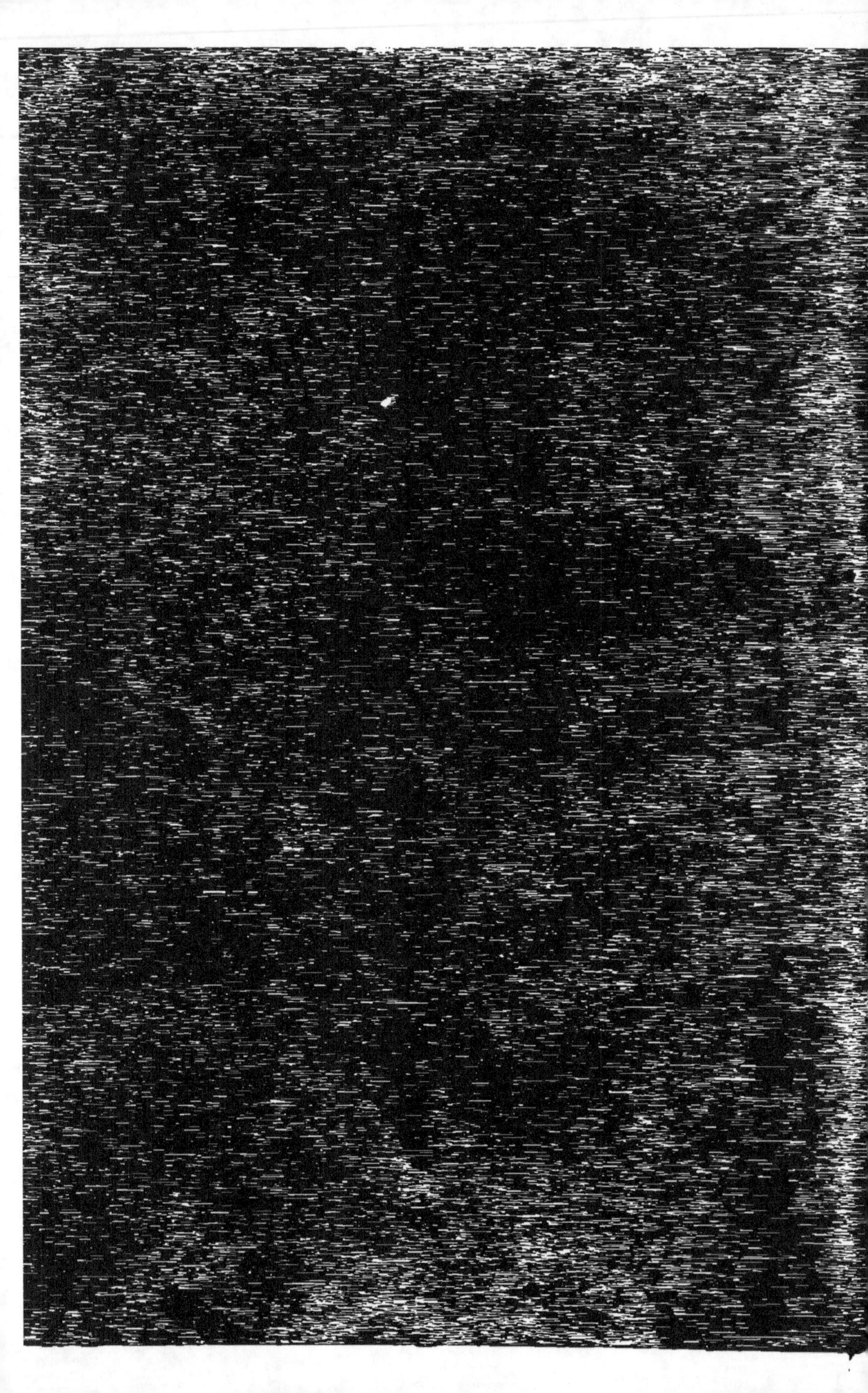